www.ingramcontent.com/pod-product-compliance
Lightning Source LLC
Chambersburg PA
CBHW030719220526
45463CB00005B/2107
* 9 7 8 1 6 5 3 1 3 4 4 5 8 *